BANQUES

COLONIALES

MARTINIQUE — GUADELOUPE — RÉUNION
GUYANE

LOIS, STATUTS

PARIS

A L'AGENCE CENTRALE DES BANQUES COLONIALES

54, rue Blanche

—

1914

LOI

portant prorogation du privilège des Banques coloniales et des Statuts desdites Banques.

Promulguée le 30 Décembre 1913

Le Sénat et la Chambre des Députés ont adopté,

Le Président de la République promulgue la loi dont la teneur suit :

Article unique.

Le privilège des Banques fondées par les lois des 30 avril 1849 et 11 juillet 1851, prorogé par les lois du 24 juin 1874, 13 décembre 1901, 30 décembre 1911 et 24 décembre 1912 dans les colonies de la Martinique, de la Guadeloupe, de la Réunion et de la Guyane est prorogé pour une durée d'un an à partir du 1er janvier 1914.

Les dispositions de la loi du 13 décembre 1901 et des Statuts y annexés sont maintenues en vigueur jusqu'au 31 décembre 1914.

La présente loi délibérée et adoptée par la Chambre des Députés sera exécutée comme loi de l'Etat.

Fait à Paris, le 30 Décembre 1913.

R. POINCARÉ.

Par le Président de la République :

Le Ministre des Colonies,

A. LEBRUN.

Le Ministre des Finances,

J. CAILLAUX.

BANQUES
COLONIALES

———~vvv~———

LOI

portant prorogation du privilège des Banques coloniales et des Statuts desdites Banques.

Promulguée le 13 Décembre 1901

———————

Le Sénat et la Chambre des Députés ont adopté,

Le Président de la République promulgue la loi dont la teneur suit :

Article premier.

i. — Le privilège des Banques fondées par les lois du 30 avril 1849, du 11 juillet 1851 et du 24 juin 1874 dans les colonies de la Martinique, de la Guadeloupe, de la Réunion et de la Guyane française, est prorogé de dix années, à partir du 1er janvier 1902.

ii. — Ces Banques doivent se conformer aux Statuts annexés à la présente loi.

Art. 2.

i. — Le capital des Banques de la Martinique, de la Guadeloupe, de la Réunion et de la Guyane, demeure fixé comme suit :

Martinique	3.000.000 francs.
Guadeloupe	3.000.000 —
Réunion	3.000.000 —
Guyane	600.000 —

II. — Le capital de chacune des Banques ne pourra être aug- menté ou réduit que dans le cas où une modification aura été reconnue nécessaire par une délibération de l'Assemblée géné- rale des actionnaires, convoquée expressément à cet effet, ladite délibération approuvée par le Gouverneur en conseil privé et sanctionnée par décret portant règlement d'administration publique.

III. — S'il s'agit d'une augmentation de capital, la délibéra- tion détermine la portion des fonds de réserve qui peut y être affectée.

IV. — S'il s'agit d'une diminution, elle sera opérée par le remboursement d'une portion du capital sur chaque action, sans que ce remboursement puisse excéder 125 francs par action.

ART. 3.

Les Conseils d'administration des Banques coloniales ont toute qualité pour aliéner ou engager, sous le contrôle du Minis- tre des Colonies, les valeurs constitutives de leur capital.

ART. 4.

I. — Chacune des Banques auxquelles se rapporte la présente loi est autorisée, à l'exclusion de tous établissements, à émettre, dans la colonie où elle est instituée, des billets au porteur de 500 francs, 100 francs, 25 francs et 5 francs.

II. — Ces billets sont remboursables à vue au siège de la Banque qui les a émis.

III. — Pour les coupures de 5 francs, les billets ne seront remboursables à vue que par groupe de 25 francs.

IV. — Ils sont reçus comme monnaie légale, dans l'étendue de chaque colonie, par les caisses publiques ainsi que par les particuliers.

V. — En cas de liquidation, le Ministre des Colonies fixe, d'accord avec le Ministre des Finances, les conditions de la circulation et du remboursement des billets de la Banque.

vi. — Le montant des billets en circulation ne peut, en aucun cas, excéder le triple de l'encaisse métallique.

vii. — La Banque ne peut emprunter sur des billets à ordre souscrits par elle.

viii. — Le montant cumulé des billets en circulation, des comptes courants et des autres dettes de la Banque ne peut excéder le triple du capital social et des fonds de réserve, à moins que la contre-valeur des comptes courants et des autres dettes ne soit représentée par du numéraire venant en augmentation de l'encaisse métallique.

Art. 5.

Aucune opposition n'est admise sur les fonds déposés en compte courant aux Banques coloniales ou sur les crédits ouverts par la Banque et résultant d'une opération sur cession de récoltes faite dans les conditions ci-après déterminées.

Art. 6.

i. — Les receveurs de l'enregistrement tiennent registre : 1° de la transcription des actes de prêt sur cession de récoltes pendantes, dans la circonscription de leurs bureaux respectifs ; 2° des déclarations et oppositions auxquelles ces actes peuvent donner lieu.

ii. — Tout propriétaire, fermier, métayer, locataire de terrains ou entrepreneur de plantations, qui veut emprunter de la Banque sur cession de sa récolte pendante, fait connaître son intention par une déclaration inscrite un mois à l'avance sur un registre spécialement tenu à cet effet par le receveur de l'enregistrement.

iii. — Tout fermier, métayer, locataire de terrains ou entrepreneur de plantations, qui veut emprunter sur cession de récolte, doit être muni de l'adhésion du propriétaire foncier, qui sera inscrite sur le registre tenu à cet effet par le receveur de l'enregistrement en même temps que la déclaration relative à l'emprunt.

IV. — Tout créancier ayant hypothèque sur l'immeuble, ou privilégié sur la récolte, ou porteur d'un titre authentique contre le propriétaire, peut s'opposer au prêt demandé par l'un des intéressés mentionnés plus haut, pourvu que la créance de l'opposant soit exigible pour une portion quelconque ou seulement en intérêts, au moment même de l'opposition ou à un terme ne dépassant pas trois mois. Les créanciers du détenteur à titre précaire ne pourront former opposition que si leur créance est exigible en vertu d'un titre authentique. Dans toüs les cas l'opposition est reçue par le receveur de l'enregistrement, qui est tenu de la mentionner, sur le registre spécial, en marge de la déclaration prescrite par les paragraphes précédents.

V. — L'opposition énonce la nature et la date du titre ainsi que la somme. Elle contient, à peine de nullité, élection de domicile dans l'arrondissement du bureau.

VI. — Toute demande en mainlevée peut être signifiée au domicile élu et est portée devant le tribunal compétent pour statuer sur la validité de l'opposition.

. VII. — Le receveur de l'enregistremnet est tenu de délivrer à tous ceux qui le requièrent un extrait des actes transcrits aux registres dont la tenue est prescrite par le présent article.

ART. 7.

I. — À l'expiration du mois qui suit la déclaration de l'emprunteur, le prêt peut être réalisé par la Banque ; moyennant l'acte de cession qu'elle a fait transcrire, la Banque est considérée comme saisie de la récolte.

II. — Elle exerce ses droits et actions sur les valeurs en provenant, nonobstant les droits de tout créancier qui n'aurait pas manifesté son opposition suivant la forme prescrite à l'article précédent.

III. — Néanmoins, s'il existe une saisie immobilière transcrite antérieurement au prêt, cette saisie doit avoir son effet sur toute la récolte, conformément au droit commun.

ART. 8.

I. — Si le débiteur néglige d'entretenir ou de faire en temps utile sa récolte ou l'une des opérations qui la constituent, la Banque peut, après une mise en demeure et sur simple ordonnance du juge de paix de la situation, être autorisée à effectuer la vente de la récolte sur pied ou être envoyée en possession de ladite récolte aux lieu et place du débiteur négligent.

II. — Elle avance les frais nécessaires, lesquels lui sont remboursés en addition au principal de la créance et par privilège sur la récolte ou son produit.

III. — Dans le cas d'envoi en possession, l'ordonnance indiquera la durée du séquestre et les ressources nécessaires en matériel et en personnel qui devront être mises temporairement à la disposition de la Banque.

ART. 9.

Les entrepôts des douanes et tous autres magasins désignés à cet effet par le gouverneur, en conseil privé, sont considérés comme magasins publics où peuvent être déposées les marchandises affectées à des nantissements couvrant complémentairement des effets du portefeuille de la Banque. La marchandise est représentée par un récépissé ou warrant qui peut être transporté par voie d'endossement ; en outre, la remise à la Banque des clefs d'un magasin particulier est suffisante pour effectuer la tradition légale du gage y déposé, lorsque cette remise est régulièrement constatée, au moment de la négociation, par une délibération du Conseil d'administration.

ART. 10.

A défaut de remboursement à l'échéance des sommes prêtées, les Banques sont autorisées, huitaine après une simple
mise en demeure, à faire vendre aux enchères, par tous offi-
ciers publics, nonobstant toute opposition, soit les marchandises, soit les matières d'or et d'argent données en nantissement,
soit les recoltes cédées ou leur produit, soit les titres mobiliers
donnés en garantie, sans préjudice des autres poursuites qui
peuvent être exercées contre les débiteurs, jusqu'à entier remboursement des sommes prêtées, en capital, intérêts et frais.

ART. 11.

Tous actes ayant pour objet de constituer des nantissements
par voie d'engagement, de cession de récoltes, de transport ou
autrement, au profit des Banques coloniales, et d'établir leurs
droits comme créanciers sont enregistrés au droit fixe.

ART. 12.

Les souscripteurs, accepteurs, endosseurs ou donneurs d'aval
des effets souscrits en faveur des Banques coloniales ou négociés
à ces établissements sont justiciables des tribunaux de commerce à raison de ces engagements et des nantissements ou
autres sûretés y relatifs.

ART. 13.

L'article 408 du Code pénal est applicable à tout propriétaire,
usufruitier, gérant, administrateur ou autre représentant du propriétaire ; à tout fermier, métayer, locataire de terrains ou entrepreneur de plantations qui a détourné ou dissipé, en tout ou en
partie, au préjudice de la Banque, la récolte pendante cédée à cet
établissement.

ART. 14.

I. — Les Banques coloniales peuvent établir des succursales

et agences dans la colonie à laquelle appartient chacune d'elles ou dans ses dépendances.

II. — Les succursales et les agences ne peuvent être établies que par un décret rendu dans la forme des règlements d'administration publique, après délibération des actionnaires en Assemblée générale ; elles ne peuvent être supprimées que dans la même forme.

III. — La Banque de la Guyane est tenue, lorsqu'elle en sera requise par le Ministre des Colonies, la commission de surveillance entendue, d'établir des succursales ou des agences sur les points de la colonie qui lui sont désignés.

Art. 15.

I. — La commission de surveillance des Banques coloniales, instituée auprès du Ministre des Colonies, est composée de neuf membres, savoir :

Un conseiller d'Etat élu par le Conseil d'Etat en assemblée générale ;

Quatre membres, dont deux au moins propirétaires de dix actions, en résidence à Paris, désignés par le Ministre des Colonies ;

Deux membres désignés par le Ministre des Finances ;

Deux membres élus par le conseil général de la Banque de France.

La commission élira un président dans son sein.

Un maître des requêtes au Conseil d'Etat, désigné par le Garde des Sceaux, président du Conseil d'Etat, est adjoint à la commission, avec voix consultative.

II. — La commission de surveillance reçoit communication de tous les documents parvenus aux Ministres sur la gestion des Banques coloniales.

III. — Elle est consultée sur les actes du Gouvernement qui les concernent ; elle provoque telles mesures de vérification et de contrôle qui lui paraissent convenables et rend chaque année, au Président de la République, un compte des résultats de sa surveillance et de la situation des établissements.

IV. — Ce compte est publié dans le *Journal officiel*, et dans un journal au moins de chaque colonie.

Art. 16.

Sont et demeurent approuvées les mesures prises par le Gouvernement à la date des 10 juillet 1894, 21 décembre 1895, 13 décembre 1896, 18 décembre 1897, 27 décembre 1898, 28 novembre 1899 et 9 novembre 1900, pour proroger le privilège des Banques coloniales.

Art. 17.

Sont et demeurent abrogées toutes les dispositions contraires à la présente loi.

La présente loi, délibérée et adoptée par le Sénat et par la Chambre des Députés, sera exécutée comme loi de l'Etat.

Fait à Paris, le 13 Décembre 1901.

Signé : EMILE LOUBET.

Par le Président de la République :

Ministre des Colonies,
Signé : ALBERT DECRAIS.

Le Ministre des Finances,
Signé : J. CAILLAUX.

ANNEXE AU DÉCRET DU 13 DÉCEMBRE 1901

PORTANT PROROGATION DU PRIVILÈGE DES BANQUES COLONIALES ET DES STATUTS DESDITES BANQUES

STATUTS

TITRE PREMIER

CONSTITUTION DE LA BANQUE ET NATURE DES OPÉRATIONS QUI LUI SONT ATTRIBUÉES

SECTION PREMIÈRE

Constitution, Durée et Siège de la Société.

ARTICLE PREMIER.

Les Banques d'émission et d'escompte établies sous la dénomination de Banque de la Martinique, de la Guadeloupe, de la Réunion et de la Guyane, continuent leurs opérations ci-après déterminées.

ART. 2.

Ces Banques sont constituées en sociétés anonymes. La Société se compose de tous les propriétaires d'actions. Chaque sociétaire n'est responsable des engagements de la Société que jusqu'à concurrence de sa part dans le fonds social.

Art. 3.

La durée de la Société est prorogée de dix années, qui courent à partir du 1er janvier 1902, sauf les cas prévus au titre des dispositions générales.

Art. 4.

Le siège de la Société est dans la ville de Saint-Pierre pour la Banque de la Martinique, la Pointe-à-Pitre pour la Banque de la Guadeloupe, Saint-Denis pour la Banque de la Réunion, et Cayenne pour la Banque de la Guyane.

Art. 5.

I. — L'administration de la Banque peut établir sur d'autres points de la colonie ou dépendances des succursales et agences, conformément à l'article 14 de la loi.

II. — Un plan d'organisation de ces établissements est préparé par le conseil de la Banque et soumis à l'approbation du Ministre des Colonies.

SECTION II

Capital des actions.

Art. 6.

I. — Le capital de la Banque est divisé en actions de 500 francs chacune (1).

II. — Les actions sont nominatives ; elles sont inscrites sur un registre à souche, et le certificat détaché porte la signature du Directeur, d'un Administrateur et d'un Censeur.

(1) Un décret du 5 Juillet 1899 ayant porté réduction du capital de la Banque de la Réunion de 4 à 3 millions, la valeur nominale des actions de cet établissement est actuellement de 375 francs.

ART. 7.

III. — La transmission des actions s'opère dans la colonie, au siège de la Banque, par une déclaration de transfert signée du propriétaire ou de son fondé de pouvoir et visée par un Administrateur sur le registre spécial à ce destiné.

IV. — La transmission s'opère dans la métropole, conformément aux prescriptions du décret du 17 novembre 1852.

V. — L'opposition au transfert doit être signifiée, soit à Paris, entre les mains de l'agent central, pour les actions inscrites en France ; soit dans les colonies, entre les mains du directeur de la Banque, pour les actions inscrites dans la colonie.

ART. 8.

I. — Les actions transférables dans la colonie peuvent être reportées dans la métropole et celles transférables dans la métropole reportées dans la colonie, suivant les prescriptions du décret du 17 novembre 1852.

II. — Les anciens titres rentrant par suite de transferts ou de reports sont annulés dans les formes qui sont déterminées par le Conseil d'administration.

SECTION III
Opérations de la Banque.

ART. 9.

La Banque ne peut, dans aucun cas et sous aucun prétexte, faire d'autres opérations que celles qui lui sont permises par les présents Statuts.

ART. 10.

I. — Les opérations de la Banque consistent :

1° A escompter les billets à ordre ou effets de place à deux ou plusieurs signatures ;

2° A négocier, escompter ou acheter des traites ou des mandats directs ou à ordre sur la métropole ou sur l'étranger ;

3° A avancer sur des obligations négociables ou non négociables garanties :

Par des warrants ou des récépissés de marchandises déposées soit dans des magasins publics, soit dans des magasins particuliers dont les clefs ont été régulièrement remises à la Banque ;

Par des cessions de récoltes pendantes ;

Par des connaissements à ordre ou régulièrement endossés ;

Par des transferts de rentes, d'actions de la Banque de la colonie ou de valeurs admises par la Banque de France à titre de garanties pour avances ;

Par des dépôts de lingots, de monnaies ou de matières d'or et d'argent ;

4° A se charger, pour le compte des particuliers ou pour celui des établissements publics, de l'encaissement ou du recouvrement des effets qui lui sont remis, et à payer tous mandats et assignations ;

5° A recevoir, moyennant un droit de garde, le dépôt volontaire de tous les titres, lingots, monnaies et matières d'or et d'argent. Ce dépôt peut donner lieu à une avance dans la proportion indiquée à l'article 13 ; le montant global de ces avances ne pourra jamais dépasser le sixième du capital social.

6° A souscrire à tous emprunts ouverts par l'Etat ou par la colonie, sans que cette participation auxdits emprunts puisse excéder la valeur des fonds versés aux réserves ordinaire et extraordinaire ;

7° A recevoir, avec autorisation du Ministre des Colonies, les produits des souscriptions publiques ouvertes, soit dans la colonie, soit dans la métropole ;

8° A émettre des billets payables à vue au porteur, des billets à ordre ou des traites ou mandats ;

9° A faire commerce des métaux précieux, monnayés ou non monnayés.

Art. 11.

I. — La Banque reçoit à l'escompte les billets à ordre portant la signature de deux personnes au moins, notoirement solvables et domiciliées dans la colonie.

II. — L'échéance de ces effets ne doit pas dépasser cent vingt jours. Les traites au mandats doivent également porter la signature de deux personnes au moins notoirement solvables. Leur échéance ne doit pas dépasser quatre-vingt-dix jours de vue ou avoir plus de cent vingt jours si l'échéance est déterminée.

III. — Ces divers effets doivent être timbrés.

IV. — La Banque refuse d'escompter les effets dits *de circulation* créés collusoirement entre les signataires sans cause ni valeur réelle.

Art. 12.

I. — L'une des signatures exigées aux termes de l'article précédent peut être suppléée, soit par un dépôt de titres mobiliers mentionnés à l'article 10, soit par la remise d'un warrant, récépissé ou acte de dépôt de marchandises, soit par la cession d'une récolte pendante, aux conditions qui sont ci-après déterminées, soit par un dépôt de lingots, monnaies, matières d'or et d'argent, s'il s'agit d'effets de place ou d'obligations non négociables ; s'il s'agit de traites ou de mandats, par un connaissement avec affectation spéciale de la marchandise, auquel cas le nombre des usances n'est pas limité.

II. — La deuxième signature de la traite peut être également suppléée par une déclaration d'acceptation anticipée, envoyée par le tiré à la Banque.

Art. 13.

I. — Le rapport de la valeur des objets ou titres déposés comme garantie additionnelle avec le montant des billets, traites ou obligations escomptés, est déterminé par les règlements intérieurs de la Banque. Cette proportion ne peut excéder :

S'il s'agit de lingots et de matières d'argent, les quatre cinquièmes de la valeur ;

S'il s'agit de marchandises déposées ou chargées, les trois quarts de leur valeur, d'après les prix courants dressés par les courtiers, déduction faite de tous droits et engagements ;

La valeur intégrale déterminée d'après le poids et le titre, s'il s'agit de lingots, de monnaies ou de matières d'or ;

Le tiers de la valeur de la récolte ;

Les quatre cinquièmes de la valeur indiquée par la dernière cote officielle connue dans la colonie, s'il s'agit d'inscriptions de rentes, et les trois cinquièmes s'il s'agit d'autres valeurs ;

Les trois cinquièmes de la valeur moyenne des transferts effectués pendant les six derniers mois dans la colonie, s'il s'agit des actions de la Banque coloniale, mais, dans ce dernier cas, la totalité des actions données en garantie par l'ensemble des emprunteurs ne peut excéder le sixième du capital social.

II. — L'emprunteur sur obligations garanties dans les conditions prévues à l'article 10, ainsi que le cédant d'effets avec la garantie additionnelle prévue à l'article 12, s'engagera à couvrir la Banque du montant de la baisse dans la valeur du gage, si cette baisse atteignait 20 % au cours de l'opération. Faute par l'emprunteur ou le cédant de satisfaire à cet engagement, la Banque pourra faire vendre, en se conformant aux conditions spécifiées par l'article 15 ci-après.

III. — Les marchandises déposées ou chargées sont assurées par les soins de la Banque, à moins qu'elles n'aient déjà été assurées, auquel cas la police est remise à la Banque ou à son représentant en Europe.

ART. 14.

I. — Les obligations non négociables, appuyées d'une cession de récolte et donnant lieu à l'ouverture d'un compte courant, peuvent être, à l'échéance, prorogées jusqu'à l'achèvement de la récolte cédée.

II. — La Banque peut stipuler que les denrées provenant de la récolte seront, au fur et à mesure de la réalisation, versées dans les magasins de dépôt désignés à cet effet, conformément aux prescriptions de la loi organique, et ce, de manière à y convertir le prêt sur cession en prêt sur nantissement.

Art. 15.

I. — Lorsque le payement d'un effet a été garanti par l'une des valeurs énoncées en l'article 10, la Banque peut, huit jours après le protêt ou après une simple mise en demeure, faire vendre les marchandises ou les valeurs, pour se couvrir, jusqu'à due concurrence ; s'il s'agit de récoltes pendantes, la Banque a le choix de procéder à la vente sur pied ou de se faire envoyer en possession pour fabrication.

II. — En ce qui touche les matières d'or et d'argent, la mise en demeure sera remplacée par trois publications à huit jours de distance dans le *Journal officiel* de la colonie.

Art. 16.

Si les obligations ou effets garantis par l'une des valeurs énoncées au troisième alinéa de l'article 10 ne sont pas à ordre, le débiteur a le droit d'anticiper sa libération, et il lui est fait remise des intérêts, à raison du temps à courir jusqu'à l'échéance.

Art. 17.

Les garanties additionnelles données à la Banque ne font pas obstacle aux poursuites contre les signataires des effets ; ces poursuites peuvent être continuées concurremment avec celles qui ont pour objet la réalisation des garanties spéciales constituées au profit de la Banque jusqu'à l'entier remboursement des sommes avancées en capital, intérêts et frais.

Art. 18.

L'escompte est perçu à raison du nombre de jours à courir e

même d'un seul jour. Pour les effets payables à plusieurs jours de vue, l'escompte est calculé sur le nombre de jours de vue, et si ces effets sont payables hors du lieu où s'opère l'escompte, le nombre des jours de vue est augmenté d'un délai calculé d'après les distances.

ART. 19.

Les sommes que la Banque a encaissées pour le compte des particuliers ou des établissements publics, ou qui lui sont versées à titre de dépôt, ne peuvent porter intérêt. Ces sommes peuvent être retirées à la volonté du propriétaire des fonds ; elles peuvent être, sur sa demande, transportées immédiatement par virement à un autre compte.

ART. 20.

La Banque peut admettre à l'escompte ou au compte courant toute personne notoirement solvable domiciliée dans la colonie dont la demande est appuyée par un membre du Conseil d'administration ou par deux personnes ayant déjà des comptes à la Banque.

La qualité d'actionnaire ne donne droit à aucune préférence.

ART. 21.

i. — La Banque fournit des récépissés des dépôts volontaires qui lui sont faits ; le récépissé exprime la nature et la valeur des objets déposés, le nom et la demeure du déposant, la date du jour où ce dépôt a été fait et celui où il doit être retiré, enfin le numéro du registre d'inscription.

ii. — Le récépissé n'est point à ordre et ne peut être transmis par voie d'endossement.

iii. — La Banque perçoit immédiatement, sur la valeur des dépôts, sur lesquels il n'a pas été fait d'avances, un droit de garde dont la quotité est réglée par le Conseil d'administration.

IV. — Lorsque, sur la demande du déposant, les avances lui sont faites avant l'époque fixée pour le retrait du dépôt, le droit de garde perçu reste acquis à la Banque.

ART. 22.

La quotité des divers billets en circulation est, dans les limites fixées par la loi, déterminée par le Conseil d'administration sous l'approbation du gouverneur, en conseil privé.

ART. 23.

I. — La Banque ne peut fournir des traites ou mandats que lorsque la provision en a été préalablement faite.

II. — Les titres représentant en totalité ou en partie le capital social et les réserves, pourront être déposés en nantissement dans une Banque de la Métropole désignée par le Ministre des Colonies, la Commission de surveillance des Banques coloniales, la Commission de surveillance des Banques coloniales entendue. Le crédit ouvert par cet établissement sera admis à valoir comme provision, mais il ne pourra dépasser le montant des titres déposés en garantie.

ART. 24.

La Banque publie tous les mois sa situation dans le journal désigné à cet effet par le Gouverneur.

SECTION IV

Dividende et Fonds de réserve.

ART. 25.

I. — Tous les six mois, aux époques des 30 juin et 31 décembre, les livres et comptes sont arrêtés et balancés ; le résultat des opérations de la Banque est établi.

II. — Les créances en souffrance ne peuvent être comprises dans le compte de l'actif pour un chiffre excédant le cinquième de leur valeur nominale.

III. — Il est fait, sur les bénéfices nets et réalisés acquis pendant le semestre, un prélèvement de un demi % du capital social. Ce prélèvement est employé à former un fonds de réserve.

IV. — Un premier dividende, équivalant à 5 % par an du capital des actions, est ensuite distribué aux actionnaires.

V. — Le surplus des bénéfices est partagé en deux parts égales : l'une d'elles est répartie aux actionnaires comme dividende supplémentaire ; l'autre moitié est attribuée pour huit dixièmes au fonds de réserve, un dixième au Directeur, un dixième aux employés de la Banque, à titre de gratification.

VI. — Dans le cas où l'insuffisance des bénéfices ne permet pas de distribuer aux actionnaires un dividende de 5 % sur le capital des actions, le dividende peut être augmenté jusqu'au maximum de 5 % l'an par un prélèvement sur la réserve extraordinaire ou, à son défaut, sur la réserve statutaire, pourvu que ce prélèvement ne réduise pas ladite réserve au-dessous de la moitié du maximum statutaire.

VII. — Néanmoins, aucune de ces répartitions ne peut être réalisée sans l'approbation du Gouverneur en conseil privé.

VIII. — Dans le cas où il résulterait des rapports du Censeur légal ou des Inspecteurs délégués que, dans le courant du semestre précédent, toutes les prescriptions contenues aux paragraphes 6, 7 et 8 de l'article 4 de la loi organique, aux articles 13 (§ 1er), 22 et 23 des Statuts, ainsi qu'au paragraphe 2 du présent article, n'ont pas été rigoureusement observées, le Gouverneur devra faire surseoir à toute répartition de dividende ou de bénéfice. Le Ministre des Colonies, après avoir pris l'avis de la Commission de surveillance, décide si cette suspension doit être transformée en suppression définitive ; il ordonne dans ce cas que les sommes qui devaient être distribuées seront versées au fonds de réserve.

Les membres du Conseil d'administration sont alors considérés comme démissionnaires, et une Assemblée générale des
actionnaires est immédiatement convoquée comme il est dit à
l'article 34 ci-après.

ART. 26.

I. — Aussitôt que le compte de la réserve aura atteint la
moitié du capital social, tout prélèvement cesse d'être obligatoire
au profit de ce compte. Toutefois, il pourra être créé une réserve
extraordinaire qui servira : 1° à amortir intégralement les
immeubles et le mobilier de la Banque ; 2° à compléter le dividende des actionnaires, dans le cas prévu au paragraphe 6 de
l'article 25 ; 3° à doter éventuellement une caisse de retraite
pour les employés de la Banque.

II. — L'attribution au profit du Directeur et des employés
reste fixée aux proportions indiquées sur la moitié du bénéfice
excédant l'intérêt à 5 % l'an du capital social.

ART. 27.

Les dividendes sont payés aussitôt après l'approbation men-
tionnée en l'article 25, soit aux caisses de la Banque, soit à la
caisse de son correspondant à Paris.

TITRE II
ADMINISTRATION DE LA BANQUE

SECTION PREMIÈRE
Assemblée générale.

ART. 28.

I. — L'universalité des actionnaires de la Banque est représentée par l'Assemblée générale. L'Assemblée générale se com-

pose de tous les actionnaires possédant au moins dix actions depuis six mois.

II. — Tous propriétaires de moins de dix actions pourront se réunir pour former le nombre de dix et se faire représenter par l'un d'eux.

III. — Toutefois, nul actionnaire non Français ne peut faire partie de l'Assemblée générale s'il n'a son domicile, depuis cinq ans au moins, dans la colonie, dans une autre colonie française ou en France.

Art. 29.

I. — Les membres de l'Assemblée générale peuvent s'y faire représenter par un fondé de pouvoir, qui doit être lui-même actionnaire depuis au moins six mois. La forme des pouvoirs est déterminée par le Conseil d'administration.

II. — Les porteurs d'actions d'Europe qui veulent se faire représenter aux Assemblées générales doivent, cinquante jours au moins avant la date de la réunion ordinaire ou extraordinaire, se faire délivrer par l'Agence centrale des Banques coloniales un certificat de propriété de leurs titres. Ils ne peuvent les transférer avant la clôture de l'Assemblée générale.

III. — Le mandataire d'un actionnaires peut n'être pas actionnaire, s'il est porteur de la procuration générale de l'intéressé.

Art. 30.

I. — Chaque actionnaire a autant de voix qu'il possède de fois dix actions, sans qu'aucun puisse avoir plus de dix voix.

II. — Aucun fondé de pouvoir ne peut avoir, en cette qualité, plus de dix voix, indépendamment de celles qu'il a en son nom personnel.

Art. 31.

I. — L'Assemblée générale se réunit au moins une fois par année, dans le courant du mois de juillet.

ɪɪ. — Elle est convoquée et présidée par le Directeur.

ɪɪɪ. — Les trois plus forts actionnaires présents forment le bureau provisoire et désignent un Secrétaire.

ɪᴠ. — L'Assemblée procède immédiatement à la formation de son bureau définitif.

ᴠ. — Le Secrétaire du bureau, tant provisoire que définitif, est choisi parmi les trois actionnaires composant le bureau.

Art. 32.

ᴠɪ. — Il est rendu compte à l'Assemblée générale de toutes les opérations de la Banque.

ᴠɪɪ. — Les comptes d'administration pour l'année écoulée sont soumis à son approbation ; les questions inscrites à l'ordre du jour par le Conseil d'administration soit spontanément, soit sur la demande d'un actionnaire formulée dans les conditions prévues à l'article 35, § 3, sont ensuite mises en délibération ; les décisions sont prises à la majorité des voix.

ᴠɪɪɪ. — L'Assemblée procède ensuite à l'élection des Administrateurs et d'un Censeur, dont les fonctions sont déterminées ci-après :

ɪx. — Les nominations ont lieu par bulletin secret, à la majorité absolue des suffrages des membres présents.

x. — Après deux tours de scrutin, s'il ne s'est pas formé de majorité absolue, l'Assemblée procède au scrutin de ballottage entre les deux candidats qui ont réuni le plus de voix au second tour.

xɪ. — Lorsqu'il y a égalité de voix au scrutin de ballottage, le plus âgé est élu.

Art. 33.

ɪ. — L'Assemblée générale doit être composée d'un nombre d'actionnaires représentant le quart au moins du capital social.

II. — Si l'Assemblée générale ne réunit pas ce nombre, une nouvelle Assemblée est convoquée, dans le délai d'un mois, et elle délibère valablement, quelle que soit la portion du capital représentée par les actionnaires présents, mais seulement sur les objets qui ont été mis à l'ordre du jour de la première réunion.

III. — Les Assemblées qui ont à délibérer sur des modifications aux Statuts ou sur des propositions de dissolution ou de liquidation de la Banque ne sont régulièrement constituées et ne délibèrent valablement qu'autant qu'elles sont composées d'un nombre d'actionnaires représentant la moitié au moins du capital social.

Art. 34.

I. — L'Assemblée générale peut être convoquée extraordinairement toutes les fois que le Conseil d'administration, sur la proposition d'un de ses Membres, en reconnaîtra la nécessité.

II. — L'Assemblée générale doit être convoquée extraordinairement :

1º Lorsque les actionnaires, réunissant le quart au moins des actions, en ont adressé la demande écrite au Directeur ou au Gouverneur de la colonie ;

2º Dans le cas où les pertes résultant des opérations de la Banque ont réduit le capital de moitié ;

3º Dans le cas prévu à l'article 25, afin de pourvoir au remplacement des Membres du Conseil d'administration.

Art. 35.

I. — Les convocations ordinaires et extraordinaires sont faites par convocations individuelles adressées aux membres de l'Assemblée générale, aux domiciles par eux indiqués sur les registres de la Banque, et par un avis inséré quinze jours au moins avant l'époque de la réunion dans l'un des journaux de la colonie désigné à cet effet par le Gouverneur.

II. — Les lettres d'avis doivent contenir l'indication sommaire de l'objet de la convocation.

III. — Tout actionnaire qui veut soumettre une proposition à l'Assemblée générale doit en donner avis, cinq jours à l'avance, au Conseil d'administration, lequel tiendra un résumé de la situation à la disposition des actionnaires au moins huit jours avant la réunion.

IV. — Aucune autre question que celles inscrites à l'ordre du jour arrêté d'avance par le Conseil d'administration ne peut être mise en délibération.

SECTION II

Conseil d'administration.

ART. 36.

I. — L'administration de la Banque est confiée à un Conseil composé du Directeur et de quatre Administrateurs.

II. — Le Conseil d'administration est assisté de deux Censeurs, dont l'un est désigné par le Ministre des Colonies, et l'autre élu par l'Assemblée des actionnaires.

III. — Le trésorier-payeur délégué par le Ministre des Finances ou, à son défaut, aux Antilles, le trésorier particulier, assiste aux réunions du Conseil d'administration et a tous les droits d'un Censeur, comme Commissaire du Gouvernement. En cas d'empêchement du trésorier-payeur ou du trésorier particulier, le trésorier-payeur désigne l'Agent chargé de le représenter.

ART. 37.

I. — Le Conseil fait tous les règlements du service intérieur de la Banque. Il fixe le taux de l'escompte et de l'intérêt, les charges, commissions et droits de garde, le mode à suivre pour l'estimation des lingots, monnaies et matières d'or et d'argent, des marchandises et des récoltes.

ii. — Il autorise, dans la limite des Statuts, toutes les opérations de la Banque et en détermine les conditions.

iii. — Il fait choix des effets ou engagements qui peuvent être admis à l'escompte, sans avoir besoin de motiver le refus ; il statue sur les signatures dont les billets de la Banque doivent être revêtus, sur le retrait et l'annulation de ces billets.

iv. — Il autorise tout compromis, toute transaction, toute mainlevée d'hypohèques, toute participation à des concordats amiables et judiciaires.

v. — Il veille à ce que la Banque ne fasse pas d'autres opérations que celles déterminées par ses Statuts et dans les formes prescrites par les règlements intérieurs de la Banque.

vi. — Il arrête l'ordre du jour des Assemblées générales et détermine les questions qui y sont mises en délibération.

vii. — Il fixe l'organisation des bureaux, les appointements, salaires, rémunération des agents ou employés, et les dépenses générales d'administration, lesquelles doivent être déterminées chaque année et d'avance, et pourvoit, s'il y a lieu, à la création d'une caisse de retraites pour le personnel.

viii. — Il pourvoit à l'entretien des immeubles de la Banque, aux frais de bureau, d'ameublement et autres accessoires de la Direction.

ix. — Les actions judiciaires sont exercées en son nom, poursuites et diligences du Directeur.

ART. 38.

Il est tenu registre des délibérations du Conseil d'administration.

Le procès-verbal, approuvé par le Conseil, est signé par le Directeur et l'un des Administrateurs présents.

Art. 39.

i. — Le.Conseil d'administration se réunit au moins deux fois par semaine au siège de la Banque.

ii. — Il se réunit extraordinairement, outre les cas indiqués par l'article 34, toutes les fois que le Directeur le juge nécessaire, ou que la demande en est faite par les Censeurs ou par l'un d'eux.

Art. 40.

i. — Aucune délibération n'est valable sans le concours du Directeur, de deux Administrateurs et la présence du Commissaire du Gouvernement ou son délégué et de l'un au moins des Censeurs, ceux-ci ayant voix consultative.

ii. — Les délibérations sont prises à la majorité des voix des membres présents ; en cas de partage, la voix du Président est prépondérante.

Art. 41.

i. — Le compte des opérations de la Banque, qui doit être présenté à l'Assemblée générale, le jour de la réunion périodique, est arrêté par le Conseil d'administration et présenté en son nom par le Directeur.

ii. — Ce compte est imprimé et remis au Gouverneur de la colonie et à chacun des membres de l'Assemblée générale.

SECTION III

Du Directeur.

Art. 42.

i. — Le Directeur est nommé par décret du Président de la République, sur une liste triple de présentation émanée de la

Commission de surveillance et sur le rapport tant du Ministre des Colonies que du Ministre des Finances.

II. — Ce décret est contresigné par le Ministre des Colonies.

III. — Le traitement du Directeur et ses frais de transport ainsi que ceux de sa famille sont fixés par un arrêté ministériel et payés par la Banque.

ART. 43.

I. — Le Directeur préside le Conseil d'administration et en fait exécuter les délibérations.

II. — Nulle délibération ne peut être exécutée que si elle est revêtue de la signature du Directeur.

III. — Aucune opération d'escompte ou d'avance ne peut être faite sans son approbation.

ART. 44.

Il nomme et révoque les employés de la Banque, dirige les bureaux, signe la correspondance, les acquits et endossements d'effets, les traites ou mandats à ordre.

ART. 45.

I. — Le Directeur ne peut faire aucun commerce ni s'intéresser dans aucune entreprise commerciale.

II. — Aucun effet ou engagement revêtu de sa signature ne peut être admis à l'escompte.

III. — Les mêmes restrictions s'appliquent à tout le personnel de l'établissement.

ART. 46.

I. — Le Directeur ne peut être révoqué que par un décret du Président de la République rendu sur le rapport du Ministre des Colonies.

II. — Il peut être suspendu par le Gouverneur en conseil.

Art. 47.

i. — En cas d'empêchement, de suspension ou de cessation des fonctions du Directeur, le Gouverneur nomme, en conseil privé, le Conseil d'administration entendu, un Directeur intérimaire qui a toutes les attributions du Directeur titulaire, et dont il fixe le traitement qui est payé par la Banque.

ii. — Avant d'entrer en fonctions, le Directeur justifie de la propriété de vingt actions qui demeurent inaliénables pendant la durée de ses fonctions et restent déposées dans les caisses de la Banque.

iii. — Pour la Banque de la Guyane, le chiffre de vingt actions est réduit à dix.

iv. — Le Directeur intérimaire n'est pas tenu d'être actionnaire.

SECTION IV

Des Administrateurs.

Art. 48.

Les Administrateurs sont élus par l'Assemblée générale des actionnaires et conformément à l'article 32 ci-dessus.

Art. 49.

i. — En entrant en fonctions, chacun des Administrateurs est tenu de justifier qu'il est propriétaire de dix actions. Ces actions doivent être libres et demeurent inaliénables pendant la durée des fonctions de l'Administrateur.

ii. — Pour la Guyane, le chiffre de dix est réduit à cinq.

Art. 50.

i. — Les Administrateurs sont élus pour quatre ans.

II. — Il sera procédé au renouvellement intégral dans le délai de trois mois à partir de la promulgation de la présente loi.

III. — Ils sont renouvelés par quart chaque année.

IV. — Le sort détermine l'ordre de sortie de ces Administrateurs.

V. — Ils sont rééligibles.

VI. — Sera déclaré démissionnaire d'office tout Administrateur débiteur de la Banque qui ne ferait pas honneur à sa signature.

VII. — En cas de décès ou de démission d'un Administrateur, le Conseil d'administration peut lui substituer, jusqu'à la prochaine réunion de l'Assemblée générale, un autre membre choisi parmi les actionnaires qui remplissent les conditions prescrites par l'article 49.

VIII. — Le Membre élu en remplacement d'un autre ne demeure en exercice que pendant la durée du mandat confié à son prédécesseur.

ART. 51.

Les Administrateurs, les Censeurs et le Commissaire du Gouvernement reçoivent des jetons de présence d'une égale valeur, dont le montant est déterminé par l'Assemblée générale.

SECTION V

Des Censeurs.

ART. 52.

I. — Les fonctions du Censeur élu par l'Assemblée générale des actionnaires durent deux ans.

II. — Il est rééligible.

III. — Il doit posséder le même nombre d'actions inaliénables que les Administrateurs.

ART. 53.

I. — Un Censeur suppléant est nommé par l'Assemblée générale des actionnaires.

II. — En cas d'empêchement du Censeur électif, le Censeur suppléant remplit toutes les fonctions attribuées à celui-ci par les articles précédents.

III. — Il est tenu des mêmes obligations et jouit des mêmes prérogatives.

IV. — Il est nommé pour deux ans et rééligible.

ART. 54.

I. — Le Censeur désigné par le Ministre des Colonies correspond avec le Gouverneur et le Ministre. Il rend chaque mois, et plus souvent s'il y a lieu, compte au Ministre de la surveillance qu'il exerce.

II. — En cas de décès, de démission ou d'empêchement, il peut être pourvu d'urgence à son remplacement provisoire par le Gouverneur de la colonie.

ART. 55.

I. — Les Censeurs veillent spécialement à l'exécution des Statuts et des règlements de la Banque ; ils exercent leur surveillance sur toutes les parties de l'établissement ; ils se font représenter l'état des caisses, les registres et le portefeuille de la Banque ; ils proposent toutes les mesures qu'il croient utiles, et, si leurs propositions ne sont pas adoptées, ils peuvent en requérir la transcription sur le registre des délibérations. Ils rendent comptent à l'Assemblée générale, dans chacune de ses réunions annuelles, de la surveillance qu'ils ont exercée.

II. — Leur rapport est imprimé et distribué avec le compte présenté par le Conseil d'administration.

SECTION VI

Des Inspections.

ART. 56.

I. — Les Banques coloniales sont vérifiées, à leurs frais, tous les deux ans ou plus fréquemment, s'il y a lieu, par des inspecteurs des colonies spécialement délégués à cet effet, qui s'assurent de la sincérité des écritures. Les rapports de vérification sont transmis au Ministre des Colonies.

II. — Les inspecteurs coloniaux reçoivent, lors de leur désignation, des instructions du Ministre des Finances, auquel leurs rapports sont également adressés.

III. — Dans l'intervalle de ces vérifications, le Ministre des Colonies et le Gouverneur, soit d'office, soit sur la demande de la Commission de surveillance, peuvent, lorsqu'ils le jugent convenable, faire procéder par les Agents qu'ils désignent, à toute vérification des registres, des caisses et des opérations de la Banque.

IV. — Le Ministre des Finances pourra également, après entente préalable avec le Ministre des Colonies, se faire rendre compte, à toute époque, de la situation de la Banque par un inspecteur des finances chargé d'une mission spéciale à cet effet. Les rapports de cet inspecteur seront adressés au Ministre des Finances et au Ministre des Colonies.

DISPOSITIONS GÉNÉRALES

ART. 57.

I. — Dans le cas où il résulte, soit d'une vérification réglementaire, soit d'une vérification ordonnée par le Ministre des Colonies ou par le Gouverneur, que, par suite de perte sur les opérations de la Banque, le capital est réduit des deux tiers, l'Assemblée générale des actionnaires est convoquée extraordinairement par le Directeur, à la requête du Censeur légal, et appelée à se prononcer sur la liquidation.

II. — La délibération est prise à la majorité des voix. Si les actionnaires qui y ont participé ne représentent pas la moitié au moins du capital, l'Assemblée est renvoyée à quinze jours, sans nouvelle convocation. Un avis est inséré dans le journal qui a publié la première convocation ou qui sera désigné par le Gouverneur. Les membres présents à cette nouvelle réunion peuvent délibérer valablement, quelle que soit la portion du capital représentée par les actionnaires présents.

III. — Si l'Assemblée régulièrement constituée refuse de voter la liquidation, celle-ci pourra être prononcée d'office par le Gouverneur en conseil privé, auquel seront adjoints, avec voix délibérative, le Président de la Chambre de commerce de la ville où est le siège social de la Banque et le Président du tribunal de commerce ou, à défaut de tribunal de commerce, le Président du tribunal civil de ladite ville.

IV. — Dans le cas où la réduction du capital n'est que d'un tiers, l'Assemblée des actionnaires, convoquée extraordinairement, peut demander la liquidation à la majorité des membres présents et à la condition de représenter les deux tiers du capital.

V. — Le Gouverneur statue par arrêté sur les délibérations des actionnaires.

VI. — En cas de dissolution, le Ministre des Colonies détermine, d'accord avec le Ministre des Finances, le mode à suivre pour la liquidation et désigne les Agents qui en sont chargés.

Art. 58.

Deux ans avant l'époque fixée pour l'expiration de la Société, l'Assemblée générale est appelée à décider si le renouvellement de la Société doit être demandé au Gouvernement.

Vu pour être annexé à la loi du 13 décembre 1901, délibérée et adoptée par le Sénat et la Chambre des Députés.

Le Président de la République Française,

Signé : EMILE LOUBET.

Par le Président de la République :

Le Ministre des Colonies,	*Le Ministre des Finances,*
Signé : ALBERT DECRAIS.	*Signé :* J. CAILLAUX.

DÉCRET COMPLÉMENTAIRE

DE LA

LÉGISLATION ORGANIQUE DES BANQUES

ET INSTITUTIF DE L'AGENCE CENTRALE DE PARIS

Du 17 Novembre 1852 (1)

Les dispositions complémentaires que comprenait la première partie de ce décret ont pris place dans la nouvelle législation organique et statutaire. Il serait donc surabondant de les reproduire ici ; aussi ne donne-t-on que la seconde partie, celle qui est spécialement consacrée à l'institution de l'Agence centrale de Paris, représentation des Banques dans la métropole. En voici le texte, tel qu'il a été modifié par un dernier décret du 31 mars 1874, et les considérants spéciaux.

Considérant qu'il est utile de centraliser dans une agence commune l'action de chaque Banque coloniale sur les opérations qui doivent s'effectuer en Europe ;

Qu'en même temps cette centralisation est indispensable à l'exercice de la surveillance confiée à la Commission instituée près le département de la Marine et des Colonies...

La Commission de surveillance des Banques coloniales entendue,

. . . .

ART. 6.

Il est institué à Paris une *Agence centrale des Banques coloniales.*

---

(1) Ce décret est celui auquel se réfère les articles 7 et 8 des nouveaux statuts pour ce qui est du transfert et du report dans les Colonies des actions d'Europe.

Art. 7.

L'Agent central représente les Banques dans les opérations qu'elles ont à faire avec la métropole. Il exerce toutes leurs actions judiciaires et extrajudiciaires.

Il agit comme Délégué de ces établissements près le Ministre de la Marine et des Colonies et près la Commission de surveillance établie par l'article 13 de la loi du 11 juillet 1851.

Il dirige la confection des billets de circulation et pourvoit, sur les instructions des Conseils d'administration des Banques, à tous les achats de matériel.

Un arrêté du Ministre de la Marine et des Colonies, rendu après avis de la Commission de surveillance, déterminera les règles à suivre pour l'organisation et le mode d'action de l'Agence centrale.

Art. 8.

Un établissement de crédit, désigné à cet effet par le Ministre de la Marine et des Colonies, effectuera, sur le *visa* de l'Agent central, tous les encaissements et paiements à opérer pour le compte de chacune des Banques.

Cet établissement tiendra un compte distinct et séparé pour chacune d'elles.

L'Agent central ne pourra faire directement aucun recouvrement ou paiement pour le compte des Banques et ne conservera entre ses mains, à titre de provision ou autrement, aucune somme appartenant à ces établissements.

Art. 9.

Les actions nominatives des Banques coloniales peuvent être transférées à Paris, au siège de l'Agence centrale, suivant les formalités complémentaires de l'article 10 (1) des Statuts, qui seront déterminées par l'arrêté ministériel à intervenir.

---

(1) Articles 7 et 8 des nouveaux Statuts.

Art. 10.

L'Agent central des Banques coloniales est nommé par le Ministre de la Marine, sur une liste triple de candidats formée par la Commission de surveillance. Il est révocable par le Ministre.

Il devra, en entrant en fonctions, justifier de la propriété de quatre actions dans le fonds social de chacune des Banques de la Martinique, de la Guadeloupe et de la Réunion. Ces actions demeureront inaliénables pendant la durée de son administration.

Art. 11.

Les dépenses du personnel et du matériel de l'Agence centrale sont déterminées par l'arrêté ministériel prévu à l'article 7, les Directeurs et la Commission de surveillance entendus.

Elles seront supportées par les différentes Banques proportionnellement au chiffre de leur capital.

Art. 12.

Il sera pourvu, tant à ces dernières dépenses. qu'à celles mentionnées au troisième paragraphe de l'article 7 et au paiement des dividendes en Europe, au moyen de crédits particuliers que chaque Banque ouvrira à l'Agent central sur l'Etablissement public mentionné par l'article 8 ci-dessus.

Art. 13.

Le Ministre de la Marine et des Colonies est chargé de l'exécution du présent décret, qui sera inséré au *Bulletin des lois.*

ORGANISATION

DE L'AGENCE CENTRALE DES BANQUES COLONIALES

TELLE QU'ELLE RÉSULTE DES ARRÊTÉS MINISTÉRIELS

des 4 Décembre 1852 et 31 Mars 1874

ARTICLE PREMIER.

Les rapports à engager par l'entremise de l'Agence centrale des Banques coloniales entre lesdites Banques et l'Etablissement de Crédit désigné par le Ministre de la Marine et des Colonies reposent sur les bases établies dans les articles suivants :

ART. 2.

Un compte courant distinct et séparé sera ouvert à chaque Banque par l'Etablissement de Crédit.

ART. 3.

Au crédit de ce compte seront portés :

1° Le montant des recouvrements du papier du portefeuille des Banques coloniales sur l'Europe ;

2° Le montant du même papier qu'il y aurait lieu de faire négocier en Europe ;

3° Le montant des arrérages des inscriptions de rentes appartenant aux Banques coloniales, provenant de leurs opérations, ou confiés à leur garde ;

4º Le montant de la réalisation qui pourra être faite desdites inscriptions ;

5º Le montant de tous autres versements qui pourront être faits au crédit desdites Banques.

On portera au débit du compte courant :

Le montant des traites ou mandats émis au profit de tiers par les Banques coloniales sur l'Etablissement de Crédit et acquittés par lui.

Il en sera de même pour les dispositions de Banques sur l'Etablissement de Crédit pour le paiement des dividendes et frais de toute nature à acquitter pour leur compte.

ART. 4.

S'il y a lieu d'ouvrir, pour les Banques coloniales, un compte de dépôt à la Banque de France ou à la Caisse de Dépôts et Consignations, d'augmenter ou de réduire ce compte, l'Agent central émettra sur l'Etablissement de Crédit, au profit de ces institutions ou réciproquement, les mandats nécessaires pour faire opérer le virement.

ART. 5.

Les lettres de change, traites ou mandats de portefeuille des Banques coloniales, recouvrables en France, seront passés à l'ordre de l'Etablissement de Crédit désigné par le Ministre et adressés par la Banque intéressée à l'Agence centrale qui pourvoira immédiatement aux formalités d'acceptation, et remettra aussitôt après les valeurs acceptées à l'Etablissement de Crédit.

ART. 6.

En cas de non-acceptation, l'Agent central annulera l'endossement mis en faveur de l'Etablissement de Crédit et remplira les mesures conservatoires et d'exécution au nom de la Banque coloniale.

L'Agence centrale conservera, à cette fin, les connaissements de marchandises passés à l'appui des valeurs à une seule signature.

ART. 7.

En cas de non-paiement à l'échéance, l'Etablissement de Crédit fera faire le protêt au nom de la Banque coloniale, et le dossier sera remis à l'Agence centrale pour la suite à donner.

Les recouvrements effectués en conséquence des poursuites seront immédiatement versés à l'Etablissement de Crédit.

ART. 8.

Les inscriptions de rentes représentatives du capital et du fonds de réserve des Banques ou acquises par suite de leurs opérations et celles remises en garde par des tiers demeureront déposées à l'Etablissement de Crédit qui sera chargé d'en percevoir les arrérages.

ART. 9.

La réalisation desdites inscriptions se fera, s'il y a lieu, en vertu de pouvoirs spéciaux donnés par la Banque intéressée au syndic des Agents de change de Paris, par l'entremise de l'Agence centrale. Ces pouvoirs impliqueront pour l'officier ministériel l'obligation de verser le montant de la réalisation dans les caisses de l'Etablissement de Crédit. *Les inscriptions appartenant aux tiers pourront être retirées sur lettres spéciales émanées des Banques et visées par l'Agence centrale.*

ART. 10.

Les traites ou mandats de paiement sur France qu'émettront les Banques coloniales seront présentés par le porteur au visa de l'Agent central et payés par l'Etablissement de Crédit, qui recevra avis de l'Agence dans les dix jours qui précéderont l'échéance.

Art. 11.

L'Etablissement de Crédit sera chargé d'expédier aux Banques coloniales les espèces d'or et d'argent au type national dont elles auront réclamé l'envoi. La demande sera transmise par l'Agence centrale qui remettra, en même temps, un mandat tiré par la Banque coloniale sur l'établissement de Crédit en faveur de lui-même.

Les groupes monétaires seront comptés par l'Etablissement en présence de l'Agent central et remis à l'entrepreneur de transports que celui-ci aura choisi. L'Agent central demeure chargé de pourvoir aux assurances et de retirer le connaissement.

Art. 12.

Tous les six mois, un état des dividendes à payer en France, conformément à l'article 25 des Statuts, sera arrêté par chaque Banque et remis, avec le visa de l'Agent central, à l'Etablissement de Crédit. L'Etablissement ouvrira pour chacune des Banques un compte spécial pour le paiement de ces dividendes. Le nouveau compte sera crédité du montant total des dividendes à distribuer, pareille somme étant portée au débit du compte courant de la Banque intéressée.

Les actionnaires figurant à l'état se présenteront à l'Agent central qui, après avoir vérifié et estampillé leurs titres, leur remettra un mandat sur l'Etablissement de Crédit.

Le compte spécial mentionné ci-dessus sera arrêté et apuré semestriellement avant la répartition d'un nouveau dividende. Le solde du compte précédent sera passé à un compte dividendes arriérés qui sera également apuré semestriellement.

Lorsqu'il y aura lieu, après expiration du délai quinquennal, de reporter au crédit du compte courant d'une Banque un résidu de dividendes arriérés, l'Etablissement de Crédit opérera le versement au moyen d'un mandat émis par l'Agence centrale.

ART. 13.

Les Banques coloniales émettront des mandats sur l'Etablissement de Crédit, en faveur de l'Agent central, pour :

1° L'achat et l'expédition des espèces d'or et d'argent étrangères dont elles sentiront le besoin de s'approvisionner ;

2° Le règlement des fournitures de matériel dont elles auront demandé l'envoi ;

3° Celui des frais d'administration de l'Agence tels qu'ils sont déterminés par l'article 23 du présent arrêté. Moyennant l'ouverture de ces crédits, l'Agence pourvoira aux règlements ci-dessus spécifiés.

ART. 14.

Il sera tenu à l'Agence des livres distincts et séparés ainsi qu'une correspondance pour chacune des Banques dont les opérations ne devront jamais être confondues.

Vérification sera faite au moins semestriellement par l'Agent central des comptes courants ou du carnet afférent à chaque Banque.

ART. 15.

L'Agence centrale adressera mensuellement à chaque Banque un compte rendu de ses opérations et un état de situation en ce qui touche les crédits qui seront mis à sa disposition aux termes de l'article 13 du présent arrêté.

SECTION II

Rapports administratifs.

ART. 16.

L'Agent central des Banques coloniales adressera au Ministre de la Marine et des Colonies toutes les communications utiles à l'intérêt de ces institutions.

Il adressera toutes communications analogues à la Commission de surveillance instituée près le département de la Marine, en la personne de son Président.

La Commission de surveillance pourra toujours appeler l'Agent central dans son sein à titre consultatif et lui demander, sur la marche de ses opérations, les renseignements et productions qui lui paraîtront nécessaires au contrôle qu'elle est chargée d'exercer.

ART. 17.

L'Agent central devra prendre l'avis de la Commission de surveillance toutes les fois qu'il y aura lieu à confection de billets de circulation pour le service des Banques. Il sera chargé de suivre l'opération. Les instruments de fabrication demeureront confiés à la garde de la Banque de France.

SECTION III

Transfert des actions en Europe.

ART. 18.

Les porteurs d'actions nominatives des Banques coloniales qui voudront les rendre transférables dans la métropole devront les déposer, avec déclaration en ce sens, au siège de la Banque.

Il leur sera remis, contre le dépôt par eux effectué, une lettre d'avis à présenter à l'Agence centrale, qui leur délivrera un titre d'action transférable à Paris seulement.

ART. 19.

Les titrés d'actions à délivrer par l'Agence centrale seront extraits d'un registre à souche comme ceux à délivrer dans les colonies. Ils seront revêtus de la signature de l'Agent central et de celles du Secrétaire de la Commission de surveillance des Banques coloniales, qui se fera préalablement représenter la lettre d'avis énoncée en l'article 18 et la visera.

ART. 20.

L'Agent central recevra toutes déclarations de mutation pour les titres qu'il aura ainsi délivrés et en effectuera le transfert. Il sera procédé, à cet égard, suivant les formes tracées par l'article 7 des Statuts, la signature de l'Agent central remplaçant celle de l'Administrateur dont l'intervention est prévue par ledit article.

Les anciens titres seront frappés de timbres d'annulation par l'Agent central et par le Secrétaire de la Commission de surveillance.

ART. 21.

Lorsqu'il y aura lieu d'effectuer le report dans une colonie d'actions transférables en France seulement, il y sera procédé dans le sens des dispositions de l'article 18.

La déclaration et le dépôt énoncés audit article seront faits à l'Agence centrale, qui remettra à l'intéressé une lettre d'avis pour la Banque coloniale.

ART. 22.

Les oppositions au transfert des actions d'Europe ne pourront être valablement signifiées qu'à l'Agence centrale ; dans le cas où des oppositions de cette nature seraient signifiées dans la colonie, le Directeur de la Banque coloniale constatera sur l'acte d'opposition son refus motivé d'y donner cours.

SECTION IV

Règlement des Dépenses.

ART. 23.

Le traitement de l'Administrateur de l'Agence est fixé à dix mille francs. La portion de ce traitement à payer par chacune des Banques est réglée par le Ministre.

Le Conseil d'administration de chaque Banque détermine et règle le montant des crédits et allocations qui devront être ouverts à l'Agence centrale pour traitement des employés, location et frais de bureau.

Les employés sont à la nomination de l'Administrateur de l'Agence centrale ; leur traitement sera payé sur états d'émargement.

Lorsqu'il y aura lieu à déplacement de l'Agent central pour affaires spéciales à l'une des Banques, les frais de voyage seront supportés par la Banque intéressée.

Paris, le 31 Mars 1874.

Le Vice-Amiral, Ministre de la Marine et des Colonies.

Signé : D'HORMOY.

DÉCRET DE CAPITALISATION

DES RENTES 3 °/₀ CONSTITUTIVES DU CAPITAL ET DES RÉSERVES DES BANQUES COLONIALES

Du 19 Avril 1902

RAPPORT

AU PRÉSIDENT DE LA RÉPUBLIQUE FRANÇAISE

Paris, le 19 Avril 1902.

Monsieur le Président,

Un décret du 15 avril 1863, rendu dans la forme du règlement d'administration publique, a décidé que les inscriptions de rente 3 % formant le capital social des Banques coloniales seraient évaluées à 75 francs par 3 francs de rente dans la fixation de la limite assignée par l'article 5 de la loi du 11 juillet 1851, ainsi conçu :

« Le montant cumulé des billets en circulation, des comptes courants et des autres dettes de la Banque, ne pourra excéder le triple du capital social réalisé. »

Cette évaluation avait été établie en 1863 par analogie avec les dispositions de l'ordonnance du 19 juin 1825, relative à la détermination du chiffre des cautionnements des fonctionnaires ; or, ces dispositions sont maintenant abrogées par le règlement d'administration publique, en date du 2 juillet 1898, aux termes duquel la valeur des rentes à affecter aux cautionnements doit être calculée d'après les cours officiels, sans pouvoir cependant dépasser le pair.

Le cours du 3 % n'atteignant pas 70 francs au moment où le décret de 1863 est intervenu, le régime institué à cette époque était donc favorable aux Banques coloniales, puisque les rentes représentatives du capital étaient calculées à un taux supérieur de 5 francs environ au cours réel. Aujourd'hui la situation se trouve entièrement modifiée : le taux de capitalisation de 75 francs arrêté en 1863 reste de 25 francs au-dessous de la valeur nominale des rentes, qui diffère peu des cours journaliers, et il s'ensuit que les Banques doivent proportionnellement réduire le mouvement de leurs affaires. En raison des services que ces établissements sont appelés à rendre aux colonies dans lesquelles ils fonctionnent, il convient de faire cesser cette situation désavantageuse.

J'estime qu'il importe, dès lors, d'attribuer aux rentes constituant le capital social et les réserves des Banques coloniales une valeur plus en rapport avec celle qu'elles ont en réalité aux cours actuels, pour leur permettre, en reculant les limites de leurs tirages et de leur circulation, d'étendre le champ de leurs opérations. La commission de surveillance des Banques coloniales, que j'ai consultée sur cette question, partage d'ailleurs cette manière de voir et le Ministre des Finances n'a formulé aucune objection contre la modification à intervenir. Toutefois il m'a paru nécessaire, par mesure de prudence, de fixer à 90 francs seulement par 3 francs de rente le taux de capitalisation, de façon à laisser une disponibilité de 10 % entre la valeur nominale des rentes et la valeur à leur attribuer pour la fixation du maximum des engagements des Banques.

Tel est l'objet du présent décret que j'ai l'honneur de soumettre à votre signature, après avis conforme du Conseil d'Etat.

Le Ministre des Colonies,
ALBERT DECRAIS.

— 48 —

Le Président de la République française,

Sur le rapport du Ministre des Colonies,

Vu le décret du 15 avril 1863 fixant le taux de capitalisation des rentes constituant le capital des Banques coloniales ;

Vu la loi du 13 décembre 1901 portant prorogation du privilège des Banques coloniales ;

Vu l'avis de la Commission de surveillance des Banques coloniales, en date du 1er février 1902 ;

Vu l'avis du Ministre des Finances, en date du 21 mars 1902 ;

Le Conseil d'Etat entendu,

Décrète :

ARTICLE PREMIER.

Les inscriptions de rente 3 % formant le capital et les réserves des Banques coloniales sont évaluées à 90 francs par 3 francs de rente pour la fixation de la limite assignée par l'article 4 de la loi du 13 décembre 1901 au montant cumulé des billets en circulation, des comptes courants et des autres dettes de ces établissements.

ART. 2.

Le décret du 15 avril 1863 est rapporté.

ART. 3.

Le Ministre des Colonies est chargé de l'exécution du présent décret, qui sera inséré au *Bulletin des lois,* ainsi qu'au *Bulletin officiel* du Ministère des Colonies et publié au *Journal officiel* de la République française ainsi qu'au *Journal officiel* des colonies intéressées.

Fait à Paris, le 19 Avril 1902.

EMILE LOUBET.

Par le Président de la République,

Le Ministre des Colonies,

ALBERT DECRAIS.

3488. — Paris. — Imp. Hemmerlé et Cie. (2-14).

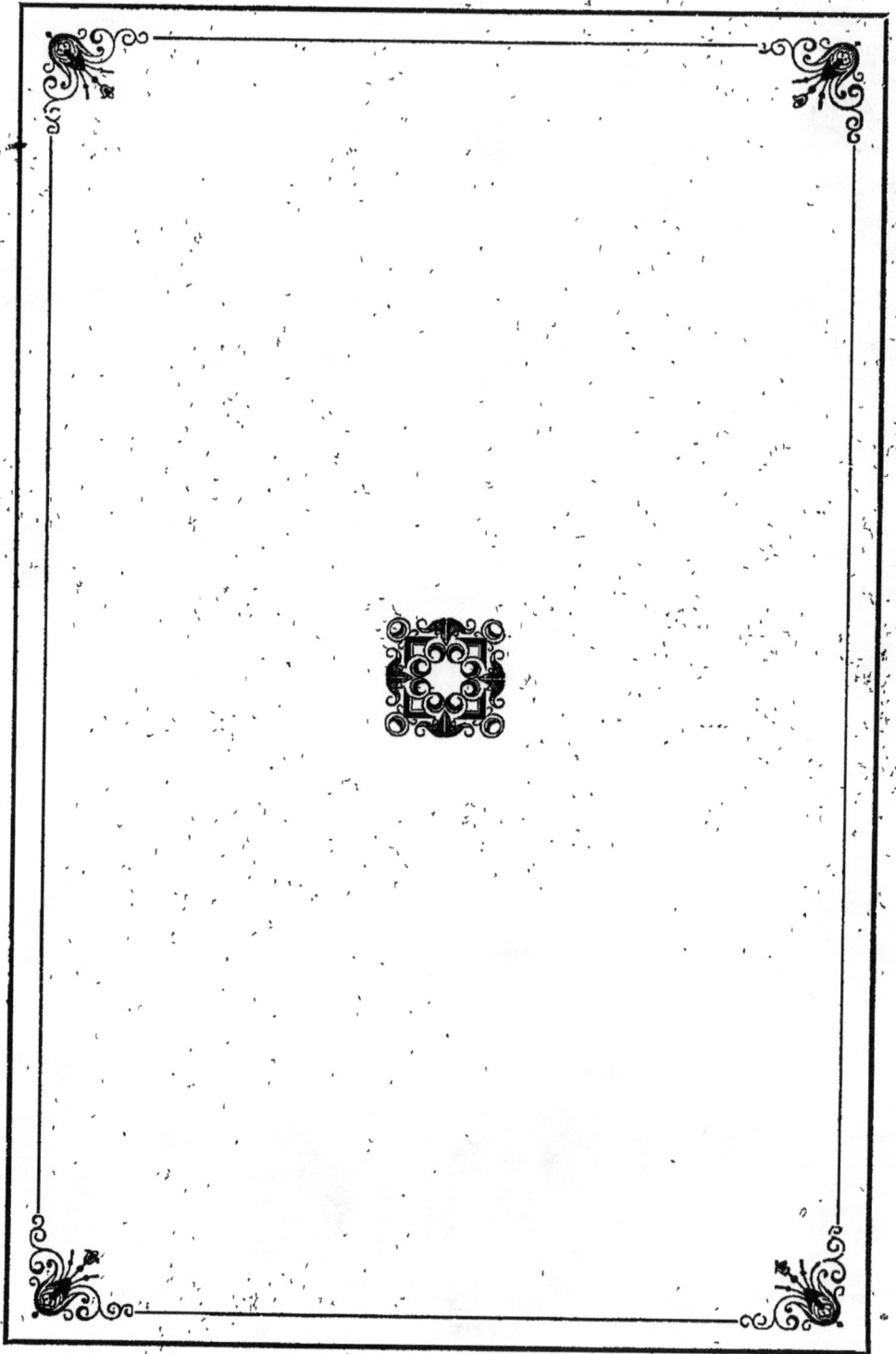